Privacidad Digital y Leyes de Ciberseguridad en Todo el Mundo

Comprende Tus Derechos, las Regulaciones de Datos (como el RGPD) y Cómo Mantener el Cumplimiento en Diferentes Países y Fronteras Internacionales

Por Joe Correa

Publicado por Live Stronger Faster

Primera Edición

Tabla de Contenido

Introducción

En una era donde la información fluye a través del mundo a la velocidad de la luz, el concepto de privacidad ha evolucionado de algo que podíamos dar por sentado a algo que debemos proteger activamente. Hace apenas dos décadas, la mayor parte de la información personal estaba guardada en archivadores físicos, accesible únicamente para quienes se encontraban presentes físicamente. Hoy en día, tus registros financieros, historial de navegación, archivos médicos, hábitos de compra e incluso conversaciones privadas pueden ser accedidos, almacenados y analizados en cuestión de milisegundos, a menudo por organizaciones de las que nunca has oído hablar. Con este cambio, los marcos legales que regulan nuestra privacidad digital han tenido que evolucionar rápidamente, intentando mantenerse al ritmo vertiginoso de la innovación tecnológica. Aquí es donde el tema de la privacidad digital y las leyes cibernéticas se vuelve de importancia crítica.

La realidad es que cada clic, toque y deslizamiento deja una huella digital. A veces, esta huella se crea intencionalmente, como cuando publicas una foto, compras algo en línea o te suscribes a un boletín informativo. Otras veces, es completamente invisible para ti, recopilada silenciosamente en segundo plano mediante píxeles de seguimiento, cookies y huellas digitales de dispositivos. Estos datos son inmensamente valiosos, no solo para anunciantes y empresas tecnológicas, sino también para gobiernos, hackers y ciberdelincuentes. Cuanto más valiosos se vuelven, más importante es regular quién puede recopilarlos, almacenarlos y utilizarlos, así como responsabilizar a las organizaciones cuando no logran protegerlos.

Las leyes de privacidad digital representan el intento del mundo por establecer límites dentro de esta economía invisible de datos personales. Estas leyes varían enormemente según el país y la jurisdicción. En la Unión Europea, el Reglamento General de Protección de Datos (GDPR) ha establecido uno de los estándares más altos del mundo en privacidad del usuario, otorgando a las personas el derecho de acceder, corregir y eliminar sus datos personales, así como oponerse a ciertos usos de esa información. En California, la Ley de Privacidad del Consumidor de California (CCPA) ofrece protecciones similares, con fuertes requisitos de divulgación y el derecho a excluirse de la venta de información personal. La LGPD de Brasil, la PIPEDA de Canadá y muchos otros marcos legales alrededor del mundo crean un mosaico de regulaciones que empresas e individuos deben navegar si desean operar en línea sin riesgos legales.

Sin embargo, estas leyes no solo afectan a las grandes corporaciones. También impactan a pequeñas empresas, freelancers, creadores de contenido, desarrolladores de aplicaciones e incluso organizaciones sin fines de lucro. Si recopilas una dirección de correo electrónico de un cliente en Europa, el GDPR puede aplicarse a ti, incluso si operas desde Estados Unidos o Asia. Si vendes productos a residentes de California, estás sujeto a los requisitos de divulgación de la CCPA. Esto significa que comprender las leyes cibernéticas no es solo tarea de profesionales legales; es un conocimiento esencial para cualquier persona con presencia en línea, ya sea un sitio web, un canal de YouTube, una tienda digital o una empresa tecnológica global.

La complejidad surge cuando las empresas operan a través de fronteras. Los datos suelen almacenarse en servidores en la nube que pueden estar ubicados en cualquier parte del mundo. Un sitio de comercio electrónico en Singapur podría utilizar un procesador de pagos en Estados Unidos, un proveedor de alojamiento en Alemania y una plataforma de email marketing en Australia, y cada ubicación introduce su propio conjunto de leyes de privacidad. Esta realidad transfronteriza genera desafíos de cumplimiento, pero también oportunidades para que las empresas elijan proveedores amigables con la privacidad y construyan confianza con sus clientes al ir más allá de los mínimos legales. Las organizaciones que priorizan la privacidad suelen obtener una ventaja competitiva, ya que los consumidores prefieren cada vez más trabajar con empresas que respetan y protegen su información personal.

En este libro, desglosaremos la compleja red de leyes de privacidad digital en una guía clara y práctica. Aprenderás los principios fundamentales detrás de regulaciones importantes como GDPR, CCPA, LGPD y PIPEDA. Exploraremos cómo redactar políticas de privacidad que realmente te protejan legalmente, en lugar de utilizar textos genéricos sin valor práctico. Descubrirás cómo crear formularios de consentimiento transparentes, manejar notificaciones de violaciones de datos y transferir información de manera segura a través de fronteras internacionales. También analizaremos casos reales en los que empresas han enfrentado multas masivas por incumplimiento, destacando las lecciones que puedes aprender para evitar cometer los mismos errores.

Quizás lo más importante es que cambiaremos tu perspectiva para que veas el cumplimiento normativo no como una carga, sino como una herramienta para construir confianza. Las empresas en línea más exitosas del futuro serán aquellas en las que los clientes confíen para manejar sus datos. Esta confianza no se construye de la noche a la mañana; surge de una gestión constante, transparente y responsable de la información personal. Las leyes seguirán evolucionando, pero si operas con una mentalidad centrada en la privacidad, no solo te mantendrás al día con los cambios legales, sino que también te posicionarás como un líder en prácticas digitales éticas. Cuando termines este libro, tendrás el conocimiento y las estrategias necesarias para navegar con confianza el complejo mundo de las leyes cibernéticas, sin importar dónde te encuentres tú o tus clientes.

Capítulo 1: Los Fundamentos de las Leyes de Privacidad Digital

Las leyes de privacidad digital existen para crear un marco legal sobre cómo los datos personales pueden recopilarse, almacenarse, procesarse y compartirse. Están diseñadas para proteger a las personas contra el uso indebido de su información, al mismo tiempo que les otorgan control sobre cómo se utiliza dicha información. En el mundo interconectado de hoy, los flujos de datos no respetan fronteras, razón por la cual los gobiernos han desarrollado regulaciones integrales de privacidad que se aplican no solo dentro de sus territorios, sino también a empresas extranjeras que procesan datos de sus ciudadanos. Estas leyes buscan prevenir el uso no autorizado, mejorar la transparencia y garantizar que las personas tengan voz sobre cómo se maneja su información.

El concepto más importante que debes comprender es el de datos personales. Este término generalmente se refiere a cualquier información que pueda identificar directa o indirectamente a una persona. Esto incluye identificadores evidentes como nombres, direcciones, números de teléfono y correos electrónicos, así como otros menos obvios, como direcciones IP, identificadores de dispositivos, datos de geolocalización y patrones de comportamiento. Algunas leyes también definen datos personales sensibles, como historiales médicos, identificadores biométricos, origen racial o étnico, opiniones políticas o creencias religiosas, los cuales requieren una protección más sólida y procedimientos de manejo más estrictos.

Un segundo concepto clave es el procesamiento de datos. El procesamiento incluye cualquier acción realizada sobre datos personales, ya sea automatizada o manual. Esto puede incluir recopilar una dirección de correo electrónico mediante un formulario web, almacenar registros de clientes en un CRM, analizar el comportamiento de visitantes en un sitio web o compartir datos de usuarios con un servicio externo de marketing. Muchas organizaciones creen erróneamente que las leyes de protección de datos solo aplican cuando venden o comercian información, pero en realidad, simplemente almacenar o utilizar datos personales de cualquier forma ya califica como procesamiento bajo la mayoría de las definiciones legales.

A nivel global, algunas leyes son integrales mientras que otras son específicas por sector. Por ejemplo, el GDPR de la Unión Europea es una ley integral que se aplica a casi todos los tipos de procesamiento de datos, sin importar la industria. En contraste, Estados Unidos no cuenta con una única ley nacional de privacidad, sino que utiliza un enfoque sectorial: la HIPAA protege la información médica, la GLBA cubre instituciones financieras y la COPPA regula los datos recopilados de menores de 13 años. Estados como California, Colorado y Virginia han promulgado sus propias leyes de privacidad del consumidor que aplican a múltiples industrias. Para cualquier negocio que opere en línea, es importante comprender tanto las regulaciones generales como las específicas que puedan aplicar.

Uno de los pilares centrales de la mayoría de las leyes de privacidad es el consentimiento del usuario. Bajo el GDPR, por ejemplo, el consentimiento debe otorgarse libremente, ser específico, informado e inequívoco. Esto significa que las casillas marcadas previamente o el lenguaje ambiguo no son aceptables. Del mismo modo, bajo la CCPA, los usuarios tienen derecho a excluirse de la venta de su información personal. Comprender cómo obtener y documentar el consentimiento es esencial, ya que un consentimiento mal obtenido puede invalidar toda tu estrategia de cumplimiento y generar sanciones.

Otro elemento crítico son los derechos del titular de los datos. Estos son los derechos otorgados a las personas respecto a su información personal. Generalmente incluyen el derecho a acceder a sus datos, corregir inexactitudes, solicitar la eliminación ("derecho al olvido"), restringir el procesamiento y recibir sus datos en un formato portátil. Las empresas deben establecer procesos claros para responder a estas solicitudes dentro de los plazos legales establecidos. El incumplimiento puede resultar en multas sustanciales y daños reputacionales.

Igualmente importantes son los requisitos de responsabilidad y transparencia. La mayoría de las leyes exigen que las organizaciones publiquen una política de privacidad clara y accesible que explique qué datos recopilan, por qué los recopilan, cómo los almacenan y con quién los comparten. También pueden requerir que las organizaciones designen un Oficial de Protección de Datos (DPO) o una persona responsable del cumplimiento normativo. Más allá de la documentación, las empresas deben demostrar activamente el cumplimiento mediante auditorías, capacitación para empleados y medidas técnicas como cifrado y controles de acceso.

Las transferencias internacionales de datos representan uno de los aspectos más desafiantes del cumplimiento de privacidad. Cuando los datos se transfieren de un país a otro, pueden perder las protecciones legales que tenían en su ubicación original, a menos que existan salvaguardas específicas. La Unión Europea, por ejemplo, solo permite transferencias de datos hacia países con protecciones "adecuadas" o cuando las organizaciones utilizan mecanismos como las Cláusulas Contractuales Tipo (SCCs). Las empresas que operan internacionalmente deben planificar cuidadosamente estas transferencias para evitar infracciones legales.

Finalmente, la aplicación de las leyes de privacidad es cada vez más estricta en todo el mundo. Los reguladores están incrementando auditorías, investigaciones y sanciones. El GDPR permite multas de hasta 20 millones de euros o el 4% de la facturación anual global, lo que sea mayor. La CCPA también contempla sanciones civiles y, en algunos casos, demandas privadas por parte de consumidores. Esto convierte el cumplimiento normativo no solo en una necesidad legal, sino también en una prioridad estratégica para cualquier organización que valore su reputación y la confianza de sus clientes.

Comprender estos conceptos fundamentales — datos personales, procesamiento, consentimiento, derechos, responsabilidad y transferencias internacionales — te preparará para las estrategias de cumplimiento más avanzadas que se cubrirán en capítulos posteriores. Al adoptar desde ahora una mentalidad centrada en la privacidad, estarás mejor preparado para navegar el cambiante panorama legal y proteger tanto a tu organización como a las personas cuyos datos manejas.

Veamos la historia de Sofía.

Sofía dirigía un pequeño pero creciente negocio de diseño en línea desde su apartamento en Lisboa. Sus clientes provenían de todo el mundo, y su sitio web mostraba con orgullo testimonios de clientes satisfechos en Europa, América del Norte y Asia. Ella se consideraba una emprendedora creativa, no una experta legal, por lo que cuando construyó su sitio web, se enfocó en la estética y no en las políticas de privacidad. Tenía un formulario de contacto sencillo, un portafolio en línea y una tienda donde los clientes podían comprar plantillas de diseño.

Una tarde, recibió un correo electrónico inesperado. Era de un cliente en Alemania que solicitaba una copia de toda la información personal que el negocio de Sofía había almacenado sobre él. El correo mencionaba el "Artículo 15 del GDPR", algo que Sofía nunca había escuchado. Confundida, investigó en internet y descubrió que el Reglamento General de Protección de Datos se aplicaba a ella, aunque fuera una empresaria independiente sin oficinas fuera de Portugal. Tan solo por tener clientes dentro de la Unión Europea, estaba sujeta a los estrictos requisitos de la ley.

A medida que profundizaba, Sofía se dio cuenta de que la herramienta de análisis de su sitio web recopilaba direcciones IP, su procesador de pagos almacenaba información de facturación de clientes y su software de email marketing rastreaba quién abría sus boletines. Todo esto se consideraba "datos personales" bajo el GDPR, y ella era legalmente responsable de administrarlos correctamente. Comprendió que las leyes de privacidad no eran solo para gigantes tecnológicos como Google o Facebook; también se aplicaban a negocios pequeños como el suyo.

Cuanto más leía, más entendía el concepto de "procesamiento de datos". Cada vez que recopilaba un correo electrónico, guardaba una factura o revisaba analíticas, estaba procesando datos personales. Su procesador de pagos era un tercero encargado del tratamiento de datos, y su plataforma de email marketing también lo era. Estos proveedores formaban parte de su responsabilidad de cumplimiento, lo que significaba que debía asegurarse de que también siguieran la ley.

Su siguiente descubrimiento fue el principio del consentimiento. Se dio cuenta de que su formulario de contacto y su casilla de suscripción al boletín no incluían un lenguaje adecuado de consentimiento. Bajo el GDPR, el consentimiento debía ser libre, específico, informado e inequívoco. Eso significaba que no podía usar casillas premarcadas ni promesas vagas. Tenía que explicar claramente qué haría con los datos y por qué los recopilaba.

Mientras avanzaba en su lista de cumplimiento, Sofía comenzó a ver el panorama completo. Las leyes de privacidad no eran simples obstáculos burocráticos; eran herramientas para construir confianza. Actualizó su política de privacidad para que fuera fácil de entender para sus clientes, implementó un proceso para responder solicitudes de acceso y eliminación de datos, y comenzó a cifrar la información almacenada. Incluso contactó a sus proveedores externos para confirmar sus medidas de cumplimiento.

Unas semanas después, otro cliente — esta vez de California — se comunicó para preguntar sobre cómo excluirse de la venta de datos bajo la CCPA. Sofía no vendía datos, pero descubrió que incluso declarar "no vendemos información personal" era un requisito de cumplimiento. Comprendió que entender las leyes globales de privacidad le daba una ventaja competitiva. Los clientes valoraban su transparencia, y varios incluso comentaron que se sentían más seguros haciendo negocios con ella.

Cuando terminó su proceso de actualización, Sofía había transformado su pequeño negocio en uno que cumplía con algunos de los estándares de privacidad más estrictos del mundo. La experiencia le enseñó que la privacidad digital no es simplemente una casilla legal para marcar, sino una parte esencial de administrar un negocio moderno. Ahora veía los datos como un activo valioso que sus clientes le confiaban, y estaba decidida a protegerlos con el mismo cuidado que ponía en sus diseños.

Capítulo 2: Comprendiendo el GDPR: El Estándar de Oro Europeo para la Protección de Datos

El Reglamento General de Protección de Datos (GDPR) es ampliamente considerado como la ley de privacidad más completa e influyente del mundo. Vigente desde el 25 de mayo de 2018, regula cómo pueden recopilarse, almacenarse, procesarse y transferirse los datos personales de individuos en la Unión Europea (UE) y el Espacio Económico Europeo (EEE). Su alcance se extiende mucho más allá de las fronteras europeas, ya que se aplica a cualquier organización — en cualquier parte del mundo — que ofrezca bienes o servicios a personas en la UE o supervise su comportamiento. Este alcance extraterritorial ha convertido al GDPR en un modelo para otras leyes alrededor del mundo.

En esencia, el GDPR se basa en siete principios clave: licitud, equidad y transparencia; limitación de la finalidad; minimización de datos; exactitud; limitación del almacenamiento; integridad y confidencialidad; y responsabilidad. Estos principios actúan como la base del cumplimiento y afectan cada aspecto de cómo las organizaciones manejan los datos. Por ejemplo, la "limitación de la finalidad" significa que solo puedes recopilar datos para un propósito específico y legítimo, y no puedes utilizarlos posteriormente para un propósito distinto sin consentimiento adicional. La "minimización de datos" exige recopilar únicamente la información verdaderamente necesaria, reduciendo así el riesgo de uso indebido o filtraciones.

Las bases legales para procesar datos son otro elemento fundamental del GDPR. Una organización debe tener una razón legal válida para recopilar y procesar información personal. El GDPR reconoce seis bases legales: consentimiento, contrato, obligación legal, intereses vitales, misión de interés público e intereses legítimos. Para la mayoría de los negocios, el consentimiento o los intereses legítimos son los más relevantes, pero cada uno debe evaluarse cuidadosamente para evitar abusos. Es importante destacar que el consentimiento debe ser informado, específico y otorgado libremente; las casillas premarcadas, los términos ambiguos o las suscripciones ocultas no están permitidos.

El GDPR también otorga derechos poderosos a las personas — conocidas como titulares de datos. Estos incluyen el derecho a acceder a sus datos personales, corregir inexactitudes, solicitar la eliminación ("derecho al olvido"), restringir el procesamiento, recibir sus datos en un formato portátil y oponerse a ciertas actividades de procesamiento. Las empresas deben responder a estas solicitudes rápidamente, generalmente dentro de un mes, y deben verificar la identidad de quien realiza la solicitud.

La transparencia es una piedra angular del GDPR. Las organizaciones deben informar claramente a las personas sobre qué datos se recopilan, por qué se recopilan, cómo se utilizarán, cuánto tiempo se almacenarán y con quién podrían compartirse. Esto normalmente se logra mediante una política de privacidad detallada, pero el GDPR exige que esté redactada en un lenguaje claro y comprensible, evitando la jerga legal excesivamente compleja.

La seguridad bajo el GDPR se aborda mediante el concepto de "medidas técnicas y organizativas apropiadas". Esto significa que las empresas deben implementar salvaguardas como cifrado, seudonimización, almacenamiento seguro, controles de acceso limitados y auditorías de seguridad periódicas. El nivel de protección debe ser proporcional a la sensibilidad de los datos procesados y al riesgo potencial para las personas en caso de una filtración.

Uno de los aspectos más discutidos del GDPR es el requisito de notificación de violaciones de datos. Las organizaciones deben informar ciertos tipos de brechas de seguridad a la autoridad supervisora correspondiente dentro de las 72 horas posteriores a descubrir el incidente. Si la violación representa un alto riesgo para los derechos y libertades de las personas, estas también deben ser notificadas sin demora indebida. Este requisito ha impulsado a las organizaciones a adoptar mejores planes de respuesta ante incidentes y herramientas de monitoreo.

La aplicación del GDPR es estricta. Las autoridades supervisoras de cada país miembro de la UE pueden investigar quejas, realizar auditorías e imponer sanciones. Las multas pueden alcanzar hasta 20 millones de euros o el 4% de la facturación anual global de la organización, lo que sea mayor. Estas sanciones también aplican a pequeñas empresas y organizaciones sin fines de lucro si incumplen la normativa. Las multas públicas han afectado tanto a corporaciones multinacionales como a pequeños negocios, demostrando que ninguna organización es demasiado pequeña para escapar del escrutinio.

Para cumplir con el GDPR, las organizaciones deben seguir un enfoque estructurado: mapear todas las actividades de procesamiento de datos personales, determinar la base legal correspondiente, actualizar las políticas de privacidad, garantizar mecanismos adecuados de consentimiento, proteger los datos mediante medidas técnicas, capacitar a los empleados y crear procesos para responder a solicitudes de titulares de datos. El cumplimiento es un proceso continuo; a medida que tu negocio cambia, también deben revisarse y actualizarse las prácticas de manejo de datos.

Al comprender el alcance, los principios, las bases legales, los derechos y la aplicación del GDPR, no solo podrás evitar sanciones costosas, sino también generar confianza con tu audiencia. Muchas empresas han descubierto que adoptar los estándares del GDPR — incluso cuando no están legalmente obligadas a hacerlo — las distingue como organizaciones confiables y conscientes de la privacidad, otorgándoles una ventaja competitiva en el mercado global.

Lucas y su empresa de software.

Lucas era propietario de una empresa boutique de software en Canadá especializada en herramientas de productividad para pequeñas empresas. Sus principales clientes estaban en América del Norte, pero con el paso de los años, sus productos comenzaron a ganar atención en Europa. Nunca pensó demasiado en las leyes de privacidad fuera de Canadá, asumiendo que no se aplicaban a él. Eso cambió el día en que recibió un correo electrónico de un cliente neerlandés solicitando la eliminación de su cuenta y de todos sus datos personales, citando sus "derechos bajo el GDPR".

Curioso, Lucas comenzó a investigar y rápidamente comprendió que el GDPR sí aplicaba a su empresa porque tenía clientes europeos. No importaba que no tuviera oficinas en la UE; el simple hecho de ofrecer servicios a residentes europeos era suficiente. El alcance extraterritorial de la ley significaba que, de repente, era responsable de cumplir con uno de los estándares de privacidad más estrictos del mundo.

Al principio, Lucas se sintió abrumado. El texto del GDPR era extenso y estaba lleno de términos desconocidos como "minimización de datos", "base legal" y "derechos del titular de datos". Pero al analizarlo poco a poco, comenzó a entender la lógica. La ley no estaba diseñada para castigar arbitrariamente a las empresas; su propósito era proteger a las personas contra el uso indebido o la mala gestión de su información personal.

Comenzó identificando cada tipo de dato personal que recopilaba su empresa. Esto incluía direcciones de correo electrónico para inicios de sesión, direcciones IP registradas por sus servidores, detalles de pago almacenados por un procesador externo y analíticas de comportamiento dentro de su aplicación. Para cada tipo de dato, se preguntó: "¿Por qué estamos recopilando esto?" y "¿Tenemos una base legal?". En muchos casos, la respuesta era sí — necesidad contractual para accesos, interés legítimo para análisis básicos — pero para ciertas actividades de marketing, comprendió que necesitaba consentimiento explícito.

Luego, Lucas renovó completamente su política de privacidad. La versión anterior era una plantilla genérica llena de lenguaje legal complicado. La nueva explicaba en términos claros qué datos se recopilaban, cómo se utilizaban, cuánto tiempo se almacenaban y cómo los usuarios podían solicitar su eliminación. También actualizó el proceso de registro para incluir casillas claras de consentimiento, enlaces a la política de privacidad y explicaciones sobre cómo retirar el consentimiento en cualquier momento.

La seguridad fue otro desafío. Aunque su empresa ya utilizaba servidores seguros, decidió implementar cifrado para los datos almacenados y limitar el acceso a la información personal únicamente a los empleados que realmente lo necesitaban para trabajar. También estableció un plan para responder a violaciones de datos, incluyendo un protocolo interno para reportar incidentes en cuestión de horas y no días.

Los cambios tardaron meses en implementarse, pero los beneficios fueron inmediatos. Los clientes europeos expresaron agradecimiento por la transparencia, e incluso usuarios norteamericanos comentaron que se sentían más seguros utilizando el producto. Lucas descubrió que el proceso de cumplir con el GDPR obligó a su empresa a ser más organizada, más transparente y más respetuosa con los datos de los clientes.

Un año después, cuando ocurrió un pequeño incidente de seguridad — un servidor mal configurado que expuso una pequeña parte de datos no sensibles — el equipo de Lucas reaccionó rápidamente. Documentaron el incidente, notificaron a la autoridad correspondiente dentro de las 72 horas e informaron a los usuarios afectados. Lo que podría haber sido un desastre se convirtió en una oportunidad para demostrar su compromiso con la privacidad. Los clientes respondieron con elogios en lugar de críticas, y Lucas comprendió que el cumplimiento del GDPR se había transformado de una obligación legal en una poderosa herramienta para construir confianza.

Capítulo 3: La CCPA y las Leyes Estatales de Privacidad en EE. UU.: Protegiendo a los Consumidores Estadounidenses

La Ley de Privacidad del Consumidor de California (CCPA), vigente desde el 1 de enero de 2020, es la ley de privacidad más importante de Estados Unidos y ha establecido un precedente para que otros estados sigan el mismo camino. Aunque EE. UU. carece de una ley federal integral de privacidad como el GDPR europeo, la CCPA representa un cambio creciente hacia derechos más sólidos para los consumidores a nivel estatal. La ley se aplica a empresas con fines de lucro que operan en California y cumplen al menos uno de los siguientes criterios: ingresos anuales superiores a 25 millones de dólares; comprar, vender o compartir información personal de 100,000 o más consumidores u hogares; o generar el 50% o más de sus ingresos anuales mediante la venta de información personal de consumidores.

El objetivo principal de la CCPA es brindar a los consumidores un mayor control sobre su información personal. Define la información personal de manera amplia, incluyendo identificadores como nombres, direcciones, correos electrónicos y direcciones IP, así como datos biométricos, historial de navegación, geolocalización e inferencias derivadas de esta información para crear perfiles de consumidores. A diferencia de algunas leyes de privacidad, la CCPA no exige una base legal para el procesamiento de datos; en cambio, se enfoca en la transparencia y la elección del consumidor.

Bajo la CCPA, los residentes de California tienen varios derechos importantes. Tienen derecho a saber qué información personal se recopila sobre ellos, tanto en categorías generales como en detalles específicos. También tienen derecho a solicitar la eliminación de la información personal que posee una empresa, con ciertas excepciones. El derecho de exclusión voluntaria permite a los consumidores impedir que las empresas vendan su información personal, y las compañías deben proporcionar un enlace claro y visible de "No Vender Mi Información Personal" en sus sitios web si participan en la venta de datos. Además, los consumidores tienen derecho a la no discriminación, lo que significa que no pueden recibir un trato desigual ni pagar precios distintos simplemente por ejercer sus derechos de privacidad.

Un aspecto único de la CCPA es su enfoque en los mecanismos de exclusión voluntaria. A diferencia del GDPR, que generalmente requiere consentimiento previo, la CCPA presume que la recopilación de datos está permitida a menos que el consumidor decida excluirse. Esta diferencia hace fundamental que las empresas cuenten con procedimientos claros para respetar las solicitudes de exclusión, incluyendo la verificación de la identidad de quien realiza la petición. La Ley de Derechos de Privacidad de California (CPRA), vigente desde 2023, amplió el alcance de la CCPA al agregar nuevos derechos, como el derecho a corregir información inexacta, y al crear la Agencia de Protección de la Privacidad de California (CPPA) para hacer cumplir la ley.

La aplicación de la CCPA está a cargo del Fiscal General de California y, bajo la CPRA, también de la CPPA. Las multas por incumplimiento pueden ser significativas: hasta $2,500 por infracción o $7,500 por infracciones intencionales. Además, la CCPA incluye un derecho privado de acción para consumidores en ciertos casos de violaciones de datos, permitiéndoles reclamar daños estatutarios entre $100 y $750 por incidente. Este riesgo legal ha llevado a muchas empresas a fortalecer proactivamente sus prácticas de seguridad y privacidad.

Aunque la CCPA es la ley más conocida, no es la única ley estatal de privacidad en EE. UU. Estados como Virginia, Colorado, Connecticut y Utah han aprobado sus propias leyes de privacidad, cada una con definiciones, derechos y obligaciones de cumplimiento particulares. Este enfoque fragmentado significa que las empresas que operan a nivel nacional deben adaptar sus estrategias de privacidad para cumplir con múltiples marcos legales simultáneamente. En la práctica, muchas compañías optan por adoptar el estándar más alto en todos los estados para evitar mantener múltiples sistemas de cumplimiento.

Para cumplir con la CCPA, las empresas deben comenzar identificando la información personal que recopilan y determinando si la ley les aplica. También deben actualizar sus políticas de privacidad para incluir las divulgaciones requeridas, implementar mecanismos de exclusión cuando corresponda, capacitar a los empleados sobre cómo manejar solicitudes de consumidores y establecer sistemas para responder a solicitudes de acceso, eliminación y corrección dentro de un plazo de 45 días. Implementar herramientas claras y fáciles de usar para solicitudes de privacidad no solo garantiza el cumplimiento legal, sino que también fortalece la confianza y la lealtad de los clientes.

Aunque la CCPA y otras leyes estatales pueden parecer fragmentadas en comparación con el GDPR, representan una tendencia importante hacia una mayor responsabilidad dentro de la economía de datos en Estados Unidos. A medida que más estados aprueban leyes similares — y aumenta la presión por un estándar federal de privacidad — las empresas que tomen el cumplimiento en serio desde ahora estarán mejor preparadas para el futuro.

Ahora, revisemos la historia de la suscripción en línea de Maya.

En el corazón de Los Ángeles, Maya dirigía un servicio de suscripción en línea para productos orgánicos de cuidado de la piel. Su negocio había crecido rápidamente, atrayendo a miles de clientes en todo Estados Unidos, incluyendo una base leal en California. Ella se enfocaba en la calidad del producto y la experiencia del cliente, sin pensar demasiado en las leyes de privacidad, hasta que recibió un correo electrónico de la oficina del Fiscal General de California. Era un aviso recordándole sus obligaciones bajo la Ley de Privacidad del Consumidor de California.

Al principio, Maya se sintió confundida. Ella no vendía información personal, así que ¿por qué la ley se aplicaba a su negocio? A medida que investigó la CCPA, descubrió que "vender" datos bajo esta ley tenía una definición mucho más amplia de lo que imaginaba. Incluso compartir información de clientes con una red publicitaria para marketing segmentado podía considerarse una venta. Como utilizaba una plataforma de anuncios popular para volver a dirigirse a visitantes de su sitio web, su negocio entraba dentro del alcance de la CCPA.

Maya aprendió que los consumidores californianos tenían derecho a saber exactamente qué información personal estaba recopilando y cómo se utilizaba. También podían solicitar la eliminación de sus datos o excluirse completamente de su venta. Necesitaba agregar un enlace de "No Vender Mi Información Personal" a su sitio web, actualizar su política de privacidad y crear un proceso para manejar solicitudes de clientes. Se dio cuenta de que solo tenía 45 días para responder a estas solicitudes una vez recibidas, por lo que creó un pequeño equipo interno para administrarlas.

El proceso no fue sencillo. Su directora de marketing temía que respetar las solicitudes de exclusión redujera la efectividad de las campañas publicitarias. Pero Maya decidió que la confianza del cliente era más importante que el rendimiento publicitario a corto plazo. Creía que la transparencia atraería clientes más fieles a largo plazo.

Al mismo tiempo, Maya descubrió que otros estados estaban aprobando leyes similares. Virginia, Colorado y Utah tenían sus propias versiones y, aunque eran parecidas a la CCPA en muchos aspectos, presentaban diferencias sutiles. En lugar de manejar procesos de cumplimiento separados para cada estado, Maya decidió aplicar el estándar más alto de California a todos sus clientes. Requería más trabajo inicialmente, pero simplificaba las operaciones y otorgaba los mismos derechos a todos, sin importar dónde vivieran.

Meses después, la estrategia de Maya dio resultados. Un cliente de San Francisco elogió públicamente a su empresa por su transparencia tras poder excluirse fácilmente de anuncios segmentados. Esa publicación se volvió viral dentro de una comunidad pequeña pero influyente de compradores conscientes del medio ambiente. Las órdenes aumentaron, no gracias a una campaña de marketing llamativa, sino por la confianza generada. Su marca comenzó a ser reconocida no solo por sus productos naturales, sino también por sus prácticas responsables con los datos.

La experiencia de Maya le enseñó que las leyes de privacidad no eran obstáculos para el crecimiento, sino oportunidades para diferenciar su marca. En una industria donde muchas empresas tardaban en adaptarse, ella se posicionó como líder en respeto al consumidor y ética de datos. La CCPA comenzó como un desafío de cumplimiento, pero terminó convirtiéndose en una piedra angular de la ventaja competitiva de su empresa.

Capítulo 4: La LGPD de Brasil y el Auge de las Leyes de Privacidad en América Latina

La Lei Geral de Proteção de Dados Pessoais (LGPD) es la ley integral de protección de datos de Brasil, inspirada en gran medida en el GDPR de la Unión Europea. Entró en vigor en septiembre de 2020 y se aplica a cualquier individuo u organización — dentro o fuera de Brasil — que procese datos personales en Brasil o ofrezca bienes o servicios a personas ubicadas en el país. La LGPD es significativa no solo porque Brasil es la economía más grande de América Latina, sino también porque refleja el creciente enfoque de la región en la privacidad y la protección de datos.

Al igual que el GDPR, la LGPD define los datos personales de manera amplia para incluir cualquier información relacionada con una persona natural identificada o identificable, ya sea directa o indirectamente. También introduce el concepto de datos personales sensibles, que abarca información sobre origen racial o étnico, creencias religiosas, opiniones políticas, afiliación sindical, salud, orientación sexual y datos biométricos o genéticos. El procesamiento de datos sensibles requiere salvaguardas adicionales y, en la mayoría de los casos, consentimiento explícito.

La LGPD se basa en diez fundamentos legales para el procesamiento de datos, similares a las bases legales del GDPR, pero adaptados a la cultura jurídica brasileña. Estos incluyen consentimiento, obligación legal, ejecución de contratos, interés legítimo y protección del crédito, entre otros. El consentimiento bajo la LGPD debe ser libre, informado e inequívoco. Los titulares de los datos deben poder revocar el consentimiento fácilmente, y el proceso de revocación debe ser tan sencillo como el de otorgarlo.

Una de las características más destacadas de la LGPD es su fuerte énfasis en los derechos de los titulares de datos. Los ciudadanos y residentes brasileños tienen derecho a confirmar la existencia de procesamiento, acceder a sus datos, corregir inexactitudes, solicitar anonimización o eliminación y obtener portabilidad de sus datos hacia otro proveedor de servicios o productos. También tienen derecho a ser informados sobre las entidades públicas y privadas con las que sus datos han sido compartidos. Las empresas deben estar preparadas para responder a estas solicitudes de forma rápida y transparente.

La LGPD exige que las organizaciones designen un Oficial de Protección de Datos (DPO), responsable de supervisar el cumplimiento y servir como contacto principal ante la autoridad nacional de protección de datos: la Autoridade Nacional de Proteção de Dados (ANPD). Este rol es esencial para garantizar que las medidas de protección de datos se integren dentro de las operaciones y la cultura organizacional.

La seguridad de los datos bajo la LGPD se entiende como la obligación de adoptar medidas técnicas y administrativas capaces de proteger la información personal contra accesos no autorizados y destrucción accidental o ilícita, pérdida, alteración, comunicación o difusión. Aunque la ley no exige tecnologías específicas, enfatiza la proporcionalidad: las medidas adoptadas deben corresponder a la sensibilidad y volumen de los datos procesados.

Las infracciones a la LGPD pueden resultar en sanciones significativas. La ANPD puede imponer multas de hasta el 2% de los ingresos de una empresa en Brasil, con un límite de 50 millones de reales brasileños (aproximadamente 10 millones de dólares estadounidenses) por infracción. Las sanciones también pueden incluir la divulgación pública de la infracción, el bloqueo de datos personales o la orden de eliminación de dichos datos. Estas penalidades han convertido el cumplimiento de privacidad en una prioridad importante para empresas en Brasil y para aquellas que interactúan con consumidores brasileños.

Más allá de Brasil, varios países latinoamericanos — incluyendo Argentina, Chile, Colombia y México — han aprobado o están actualizando sus leyes de privacidad para alinearse con estándares globales como el GDPR. Para las empresas que operan en la región, esto significa adoptar una estrategia de privacidad armonizada que considere tanto la LGPD como las regulaciones locales.

Para cumplir con la LGPD, las organizaciones deben realizar un mapeo de datos para comprender qué información personal brasileña procesan, determinar la base legal correspondiente, actualizar los avisos de privacidad, implementar mecanismos de consentimiento y establecer protocolos para responder a solicitudes de titulares de datos. Dadas las similitudes con el GDPR, las empresas que ya cumplen con GDPR encontrarán más sencilla la adaptación, aunque aún deberán abordar las disposiciones específicas de la ley brasileña.

Al adoptar los requisitos de la LGPD, las organizaciones no solo evitan multas costosas, sino que también se posicionan como socios confiables en una región donde la confianza digital aún está en desarrollo. En mercados como Brasil, donde las relaciones personales y la reputación son esenciales para el éxito empresarial, demostrar compromiso con la privacidad puede convertirse en una ventaja competitiva significativa.

La historia de comercio electrónico de Diego.

Diego era propietario de una empresa mediana de comercio electrónico en São Paulo que vendía muebles artesanales dentro de Brasil y también a clientes internacionales. Su tienda en línea crecía constantemente, recibiendo pedidos desde Estados Unidos, Europa y Asia. Durante años, había manejado los datos de los clientes de manera informal: guardaba detalles de pedidos, almacenaba correos electrónicos para marketing y rastreaba visitas al sitio web para mejorarlo. Las políticas de privacidad eran algo secundario, copiadas de otro sitio web y nunca actualizadas.

Todo cambió cuando entró en vigor la Lei Geral de Proteção de Dados Pessoais (LGPD). Diego escuchó sobre ella por primera vez gracias a un amigo que trabajaba en una empresa tecnológica. "Es la versión brasileña del GDPR", le explicó, "y es algo serio. Las multas son enormes". Al principio, Diego pensó que solo aplicaba a grandes corporaciones. Pero cuando descubrió que cualquier negocio que procesara datos personales en Brasil estaba sujeto a la ley, entendió que no podía ignorarla.

Diego comenzó a investigar la LGPD y rápidamente identificó las brechas en sus propias prácticas. Descubrió que su negocio recopilaba no solo nombres y direcciones, sino también números de teléfono, información de pago e historiales detallados de compras. Todo esto se consideraba datos personales bajo la LGPD. Más preocupante aún, su herramienta de análisis recopilaba direcciones IP y comportamiento de navegación, y no tenía ningún mecanismo formal de consentimiento para ello.

Una disposición llamó especialmente su atención: la obligación de designar un Oficial de Protección de Datos (DPO). Como propietario de una pequeña empresa, no podía contratar a un especialista a tiempo completo, por lo que decidió asumir él mismo esa función. Estudió la ley, tomó cursos de capacitación en línea y comenzó a desarrollar nuevas políticas de manejo de datos. Actualizó su sitio web para incluir una política de privacidad clara y fácil de entender, además de un banner emergente solicitando consentimiento para cookies analíticas.

Los clientes comenzaron a notar los cambios. Uno le envió un correo agradeciéndole por explicar cómo se utilizaban sus datos y por ofrecer la opción de excluirse de correos promocionales. Otro solicitó una copia de todos los datos almacenados por la empresa de Diego — una petición que antes lo habría desconcertado. Ahora, pudo responder rápidamente, proporcionando un archivo descargable seguro en pocos días.

Al principio, algunos empleados se quejaron del trabajo adicional. Pero con el tiempo comenzaron a ver los beneficios. Las quejas de clientes sobre correos no deseados disminuyeron y la confianza en la marca aumentó. Los compradores internacionales, especialmente de Europa, expresaron sentirse más seguros comprando en su tienda, sabiendo que seguía estrictas reglas de privacidad.

Seis meses después, un competidor del mismo sector apareció en los titulares por una infracción a la LGPD tras exponer datos de clientes en una base de datos insegura. La noticia se difundió rápidamente, y muchos de esos clientes cambiaron a la tienda de Diego. El trabajo de cumplimiento que antes parecía una carga se había convertido en uno de sus puntos de venta más fuertes.

Diego comprendió que la LGPD no se trataba solo de evitar multas, sino de respetar a las personas que confiaban en él con su información personal. En el competitivo mercado brasileño de comercio electrónico, ese respeto se tradujo en lealtad, recomendaciones y crecimiento constante.

Capítulo 5: La PIPEDA de Canadá y las Reglas Norteamericanas de Transferencia de Datos Transfronterizos

La Ley de Protección de Información Personal y Documentos Electrónicos (PIPEDA) es la ley federal de privacidad de Canadá para organizaciones del sector privado. Promulgada por primera vez en el año 2000 y posteriormente ampliada, PIPEDA se aplica a organizaciones que participan en actividades comerciales en la mayoría de las provincias y territorios, aunque algunas provincias — como Columbia Británica, Alberta y Quebec — cuentan con leyes propias consideradas "sustancialmente similares" a PIPEDA. Las empresas en estas provincias deben cumplir con sus respectivas leyes, pero PIPEDA sigue aplicándose cuando los datos personales cruzan fronteras provinciales o nacionales.

PIPEDA define la información personal de manera amplia como cualquier información sobre una persona identificable, excluyendo cierta información de contacto empresarial en contextos específicos. Algunos ejemplos incluyen nombres, direcciones residenciales, números de seguro social, historiales médicos, detalles financieros y opiniones sobre una persona. A diferencia del GDPR o la LGPD de Brasil, PIPEDA se centra fuertemente en el principio de consentimiento significativo, asegurando que las personas comprendan qué información se recopila, por qué se recopila y cómo será utilizada antes de aceptarlo.

La ley se basa en diez principios de información justa que guían cómo las organizaciones deben gestionar los datos personales:

1. Responsabilidad
2. Identificación de propósitos
3. Consentimiento
4. Limitación de la recopilación
5. Limitación del uso, divulgación y retención
6. Exactitud
7. Salvaguardas
8. Transparencia
9. Acceso individual
10. Impugnación del cumplimiento

Estos principios exigen que las organizaciones designen a una persona responsable del cumplimiento, indiquen claramente los propósitos de la recopilación de datos y limiten tanto el alcance como la duración del almacenamiento. Por ejemplo, las empresas no pueden recopilar datos "por si acaso" puedan ser útiles más adelante; deben tener un propósito específico y declarado.

PIPEDA permite tanto el consentimiento expreso como el implícito, pero requiere consentimiento expreso para información personal sensible y en situaciones donde el individuo no esperaría razonablemente que sus datos fueran utilizados. El consentimiento implícito puede aplicarse cuando un cliente proporciona su dirección para una entrega, implicando que acepta su uso para fines de envío. Sin embargo, las empresas siempre deben ser transparentes y evitar ocultar los términos de consentimiento dentro de políticas de privacidad largas e inaccesibles.

Un aspecto importante de PIPEDA es su aplicación a las transferencias internacionales de datos. Si una organización transfiere información personal a un proveedor de servicios en otro país, debe garantizar una protección comparable mediante acuerdos contractuales y procesos de diligencia debida. Aunque PIPEDA no prohíbe las transferencias internacionales, sí exige que las empresas informen a los individuos que sus datos pueden procesarse en otra jurisdicción, la cual podría estar sujeta a diferentes leyes y solicitudes de acceso por parte de gobiernos extranjeros.

La seguridad bajo PIPEDA se define mediante salvaguardas apropiadas según la sensibilidad de los datos. Estas medidas pueden incluir cifrado, almacenamiento seguro, capacitación para empleados y acceso restringido. PIPEDA también incluye requisitos de notificación de brechas de seguridad: las organizaciones deben informar cualquier incidente que represente un "riesgo real de daño significativo" a la Oficina del Comisionado de Privacidad de Canadá (OPC) y notificar a las personas afectadas lo antes posible.

El incumplimiento de PIPEDA puede resultar en investigaciones públicas, daño reputacional y, en casos graves, acciones judiciales que deriven en indemnizaciones. Aunque históricamente las multas bajo PIPEDA han sido menos severas que las del GDPR o la LGPD, las reformas propuestas buscan aumentar los poderes de aplicación y las sanciones, haciendo que el cumplimiento sea aún más importante.

Para las empresas, el cumplimiento implica identificar qué información personal se recopila, obtener consentimiento significativo, proteger los datos mediante medidas adecuadas, mantener transparencia en las políticas y capacitar a los empleados sobre el manejo de información personal. Las empresas con operaciones internacionales deben prestar especial atención para cumplir tanto con requisitos canadienses como extranjeros.

Al comprender y aplicar los principios de PIPEDA, las organizaciones pueden proteger la privacidad mientras facilitan los negocios internacionales. En una economía digital cada vez más global, la transparencia y la confianza son tan importantes como los productos y servicios ofrecidos.

La historia de la agencia de marketing digital de Amira.

Amira dirigía una agencia boutique de marketing digital en Toronto, atendiendo clientes en Canadá, Estados Unidos y Europa. Su pequeño equipo manejaba desde diseño web hasta campañas de correo electrónico, y sus clientes a menudo les proporcionaban listas de consumidores para marketing. Durante años, Amira asumió que, al trabajar principalmente con empresas canadienses, el cumplimiento de privacidad no era una gran preocupación. Esa idea cambió cuando uno de sus clientes le pidió asegurarse de que todas sus campañas cumplieran con PIPEDA.

Curiosa, Amira comenzó a investigar la ley y rápidamente se dio cuenta de que su agencia ya procesaba grandes cantidades de información personal: nombres, correos electrónicos, historiales de compra e incluso datos de comportamiento recopilados mediante análisis web. Bajo PIPEDA, todo esto se consideraba información personal y conllevaba obligaciones legales.

El primer paso fue designar a alguien responsable del cumplimiento. Como propietaria del negocio, Amira asumió ese rol y profundizó en los diez principios de información justa de PIPEDA. Descubrió brechas en sus procesos; por ejemplo, su agencia almacenaba listas antiguas de clientes indefinidamente, incluso después de finalizar las campañas. PIPEDA exige que los datos se retengan solo durante el tiempo necesario para el propósito por el cual fueron recopilados, por lo que implementó una política estricta de eliminación de datos.

El consentimiento fue otra área que necesitaba atención. Algunos formularios de registro de sus clientes tenían lenguaje ambiguo sobre cómo se usaría la información. Amira revisó estos formularios para explicar claramente los fines de la recopilación de datos, agregando casillas separadas para suscripciones a boletines y consentimiento para publicidad segmentada. También implementó consentimiento expreso para información sensible, como respuestas a encuestas relacionadas con salud para un cliente del sector bienestar.

Cuando aprendió sobre las reglas de PIPEDA para transferencias internacionales de datos, Amira se dio cuenta de que su agencia utilizaba un servicio de email marketing con sede en Estados Unidos. Esto significaba que debía informar a los clientes — y, a su vez, a los consumidores de estos — que los datos personales podrían almacenarse fuera de Canadá y estar sujetos a leyes estadounidenses. Actualizó sus políticas de privacidad en consecuencia y revisó las prácticas de seguridad del proveedor.

La seguridad también se convirtió en una prioridad. Amira implementó almacenamiento cifrado para archivos sensibles, activó autenticación de dos factores para todas las cuentas del equipo y realizó sesiones de capacitación para reconocer intentos de phishing. Al principio, su equipo consideró incómodos estos cambios, pero pronto valoraron la seguridad adicional, especialmente después de enterarse de una filtración de datos sufrida por un competidor que perdió un cliente importante.

Unos meses después, uno de los clientes de Amira enfrentó una violación de datos relacionada con correos electrónicos y contraseñas robadas. Gracias a los nuevos procesos, el equipo reaccionó rápidamente: reportaron el incidente a la Oficina del Comisionado de Privacidad de Canadá, notificaron a las personas afectadas y ayudaron al cliente a implementar medidas de seguridad más fuertes. El cliente elogió la profesionalidad de la agencia, y la reputación positiva atrajo nuevos contratos de empresas que buscaban servicios de marketing conscientes de la privacidad.

Amira comprendió que cumplir con PIPEDA no se trataba solo de evitar sanciones, sino de construir confianza y credibilidad. En el competitivo mundo del marketing digital, poder garantizar a los clientes que sus datos eran manejados con el máximo cuidado se convirtió en un poderoso argumento de venta. Con el tiempo, esto ayudó a que su agencia destacara en un mercado saturado, demostrando que la privacidad puede ser tanto una responsabilidad como una ventaja comercial.

Capítulo 6: Reglas de Transferencia de Datos y Cumplimiento Transfronterizo

En la economía digital actual, los datos rara vez permanecen en un solo lugar. Ya sea mediante almacenamiento en la nube, equipos remotos o servicios de terceros, la información personal suele cruzar fronteras — a veces sin que las personas dueñas de esos datos lo sepan. Este movimiento activa un conjunto complejo de reglas de transferencia de datos integradas en leyes de privacidad de todo el mundo. Comprender y cumplir con estas reglas es esencial para evitar riesgos legales y mantener la confianza de los usuarios.

Una transferencia internacional de datos ocurre cuando la información personal se mueve de una jurisdicción a otra, ya sea física o digitalmente. Por ejemplo, una empresa en Canadá que utiliza un procesador de pagos con sede en Estados Unidos está transfiriendo datos a través de fronteras. Aunque esto parezca rutinario, las implicaciones legales pueden ser significativas, ya que las protecciones de privacidad varían según el país. Algunas jurisdicciones consideran que ciertos países ofrecen una protección "adecuada" de datos, mientras que otras exigen salvaguardas adicionales.

Bajo el GDPR de la Unión Europea, los datos personales solo pueden transferirse fuera de la UE/EEE hacia países que la Comisión Europea considere que proporcionan un nivel "adecuado" de protección de datos. Si un país no se encuentra en esta lista, las organizaciones deben utilizar mecanismos como Cláusulas Contractuales Tipo (SCCs), Reglas Corporativas Vinculantes (BCRs) o consentimiento explícito del usuario para la transferencia. La decisión Schrems II en 2020 invalidó el marco Privacy Shield entre la UE y EE. UU., haciendo que estas salvaguardas sean aún más importantes.

La LGPD de Brasil también restringe las transferencias internacionales, exigiendo protección adecuada en el país de destino o salvaguardas específicas, como cláusulas contractuales aprobadas por la autoridad brasileña de protección de datos. De manera similar, la PIPEDA de Canadá permite transferencias internacionales, pero exige transparencia, lo que significa que las personas deben ser informadas cuando sus datos serán procesados en otro país y que podrían estar sujetos a distintos marcos legales.

En Estados Unidos, no existe una única ley federal que regule las transferencias internacionales de datos, pero regulaciones sectoriales como la HIPAA para datos médicos y la GLBA para datos financieros imponen restricciones. Además, leyes estatales de privacidad, como la Ley de Privacidad del Consumidor de California (CCPA), pueden requerir divulgaciones relacionadas con transferencias internacionales.

Las consideraciones de seguridad son una parte fundamental del cumplimiento transfronterizo. Incluso si el marco legal permite la transferencia, las organizaciones deben garantizar que la entidad receptora cuente con medidas técnicas y organizativas adecuadas. Esto puede incluir cifrado durante la transmisión, derechos de acceso limitados y auditorías de seguridad continuas.

Los contratos y acuerdos suelen ser la base del cumplimiento internacional. Las Cláusulas Contractuales Tipo son herramientas legales previamente aprobadas que obligan al importador de datos a cumplir obligaciones específicas de privacidad. Las Reglas Corporativas Vinculantes son políticas internas utilizadas por empresas multinacionales y deben ser aprobadas por reguladores. En ambos casos, el objetivo es garantizar que los datos reciban el mismo nivel de protección en el extranjero que tendrían en el país de origen.

La transparencia con los usuarios es otro requisito crítico. Muchas leyes de privacidad exigen que las organizaciones expliquen claramente en sus avisos de privacidad si los datos personales se almacenan o procesan en el extranjero, por qué es necesario y qué protecciones existen. Sin esta transparencia, incluso las transferencias legalmente permitidas pueden erosionar la confianza.

Para mantenerse en cumplimiento, las empresas deben mapear todos los flujos de datos, identificar cuándo y dónde ocurren las transferencias internacionales y documentar la base legal de cada transferencia. También deben realizar diligencia debida sobre proveedores y socios para garantizar que cumplan con los estándares de privacidad aplicables. Al implementar estas medidas, las organizaciones no solo reducen el riesgo legal, sino que también se posicionan como administradores confiables de información personal en un mercado global.

La historia de Evelyn.

Evelyn administraba un servicio de suscripción de salud y bienestar con sede en Londres. Su empresa ofrecía planes personalizados de nutrición y enviaba suplementos a clientes en más de 20 países. Cuando comenzó su negocio, se enfocó en marketing, calidad del producto y satisfacción del cliente, sin pensar demasiado en dónde se almacenaban los datos de sus usuarios.

Un día, mientras se preparaba para asociarse con una empresa de logística ubicada en Estados Unidos, su consultor legal le preguntó: "¿Dónde se almacenan actualmente todos los datos de tus clientes?". Evelyn admitió que no estaba segura — su procesador de pagos, plataforma de email marketing y almacenamiento en la nube utilizaban distintos proveedores, algunos ubicados fuera del Reino Unido y la Unión Europea. Fue entonces cuando conoció las estrictas reglas del GDPR sobre transferencias internacionales de datos.

Su consultor le explicó que, bajo el GDPR, los datos personales solo podían transferirse a países considerados con protección "adecuada" o mediante salvaguardas especiales como las Cláusulas Contractuales Tipo. Estados Unidos no estaba actualmente en la lista de adecuación, por lo que cada transferencia hacia socios estadounidenses requería SCCs o consentimiento explícito de los clientes. Esto significaba renegociar contratos con varios proveedores y agregar protecciones legales para cumplir la normativa.

Cuanto más investigaba, más complejo parecía. Su software de análisis nutricional estaba alojado en servidores en Australia, su herramienta de automatización de marketing almacenaba correos electrónicos en Estados Unidos y su proveedor de respaldo de datos tenía servidores en Singapur. Cada uno implicaba una transferencia internacional con requisitos de cumplimiento específicos.

Evelyn decidió mapear todos sus flujos de datos, desde el momento en que un cliente se registraba hasta cada sistema que interactuaba con su información. Los resultados fueron sorprendentes: identificó más de 15 transferencias internacionales separadas. Con ayuda de su consultor legal, implementó SCCs donde era necesario, verificó certificaciones de seguridad de proveedores y agregó una sección clara en su política de privacidad explicando las transferencias y protecciones existentes.

Al principio, temía que informar a los clientes que sus datos se procesaban en otros países pudiera alejarlos. Pero ocurrió lo contrario. Los clientes valoraron la transparencia y el esfuerzo de la empresa por proteger su información. Un suscriptor de larga data incluso escribió: "Es raro ver una empresa tan honesta sobre a dónde van mis datos. Me hace confiar más en ustedes".

Un año después, cuando un competidor europeo recibió multas por transferencias internacionales ilegales, el trabajo de cumplimiento de Evelyn dio frutos. Los reguladores que revisaron sus procesos encontraron todo en orden, e incluso fue invitada a hablar en una conferencia de la industria sobre privacidad global de datos. Lo que comenzó como un desafío legal intimidante se convirtió en una ventaja de marketing: su empresa pasó a ser reconocida no solo por sus productos de salud, sino también por respetar la privacidad de clientes en todo el mundo.

Capítulo 7: El Papel de las Autoridades de Protección de Datos y la Aplicación de la Ley

Las autoridades de protección de datos (DPAs, por sus siglas en inglés) son los organismos reguladores responsables de hacer cumplir las leyes de privacidad y protección de datos en sus respectivas jurisdicciones. Actúan como supervisores y guías, asegurando que las organizaciones cumplan las normas y educando al público sobre sus derechos. Comprender el papel de estas autoridades es esencial para cualquier empresa o persona que maneje información personal, ya que estas agencias tienen el poder de investigar quejas, realizar auditorías, imponer multas y, en algunos casos, incluso detener ciertas actividades comerciales.

Cada jurisdicción tiene su propia autoridad de protección de datos o un organismo equivalente. Bajo el Reglamento General de Protección de Datos (GDPR) de la Unión Europea, cada estado miembro cuenta con su propia autoridad supervisora, como la CNIL en Francia, la ICO en el Reino Unido (antes del Brexit) y la BfDI en Alemania. Estas autoridades poseen amplios poderes para supervisar el cumplimiento, investigar violaciones e imponer sanciones administrativas. En Brasil, la

Autoridade Nacional de Proteção de Dados (ANPD) cumple una función similar, mientras que en Canadá existe la Office of the Privacy Commissioner (OPC). En Estados Unidos no existe una única autoridad federal de protección de datos, pero organismos como la Comisión Federal de Comercio (FTC), junto con fiscales estatales y reguladores sectoriales, aplican normas de privacidad.

Las autoridades de protección de datos suelen actuar basándose en denuncias y monitoreo proactivo. Las personas pueden presentar reclamaciones si creen que sus derechos de privacidad han sido vulnerados, lo que puede desencadenar una investigación. Estas autoridades también pueden iniciar auditorías o inspecciones por iniciativa propia, especialmente cuando sospechan incumplimientos sistemáticos o tras una violación importante de seguridad. Las investigaciones pueden incluir la revisión de políticas de privacidad, entrevistas con empleados y análisis de medidas técnicas de protección.

Una de las responsabilidades clave de las autoridades de protección de datos es interpretar y aclarar la ley. Las leyes de privacidad suelen redactarse de forma amplia, dejando espacio para la interpretación. Por ello, estas entidades publican directrices, códigos de práctica y recomendaciones para ayudar a las organizaciones a comprender sus obligaciones. Por ejemplo, el Comité Europeo de Protección de Datos (EDPB) publica regularmente opiniones y aclaraciones que aplican a todos los países miembros de la Unión Europea.

Los poderes de aplicación de las autoridades varían según la jurisdicción, pero pueden incluir:

- Emitir advertencias o reprimendas
- Ordenar a las organizaciones modificar sus prácticas
- Prohibir temporal o permanentemente ciertas actividades de procesamiento
- Imponer sanciones económicas, que bajo el GDPR pueden alcanzar hasta 20 millones de euros o el 4% de la facturación global
- Publicar detalles de infracciones para exponer públicamente a organizaciones incumplidoras

En muchos casos, estas autoridades también cumplen una función educativa. Proporcionan recursos para empresas e individuos, realizan campañas de concientización y, en ocasiones, ofrecen herramientas gratuitas para facilitar el cumplimiento. Este doble papel — regulador y educador — las convierte en piezas centrales para la efectividad de las regulaciones de privacidad.

Para las organizaciones, construir una buena relación con la autoridad correspondiente puede resultar beneficioso. Buscar orientación de forma proactiva, reportar brechas rápidamente y demostrar voluntad de cumplimiento puede influir en cómo la autoridad aborda la aplicación de sanciones. Muchas autoridades consideran si la infracción fue intencional, negligente o producto de un malentendido, así como las medidas tomadas para corregirla.

Dada la naturaleza global del flujo de datos, las autoridades de protección de datos suelen colaborar entre sí mediante redes internacionales. El mecanismo de "ventanilla única" del GDPR permite que empresas que operan en varios países europeos interactúen principalmente con una única autoridad líder. Asimismo, foros internacionales como la Asamblea Global de Privacidad (GPA) reúnen reguladores de distintas regiones para coordinar esfuerzos de aplicación.

Para cumplir adecuadamente, las organizaciones deben saber qué autoridad supervisa sus operaciones, comprender los requisitos de notificación y monitorear cualquier orientación emitida. Mantener líneas abiertas de comunicación con reguladores y estar al tanto de tendencias de cumplimiento puede ayudar a evitar errores costosos. En un entorno donde las leyes de privacidad siguen evolucionando, las autoridades de protección de datos no son solo fiscalizadores — también son aliados en la construcción de una cultura sólida de protección de datos.

La historia no regulada de Mateo.

Mateo era propietario de una empresa mediana de software en Madrid que desarrollaba herramientas CRM para pequeñas empresas. Su plataforma almacenaba detalles de contacto de clientes, historiales de ventas e incluso notas sobre preferencias de consumidores. Durante años, Mateo operó sin interacción directa con reguladores, asumiendo que mientras mantuviera seguros sus sistemas, todo estaba en orden. Esa percepción cambió el día en que recibió una carta de la Agencia Española de Protección de Datos (AEPD), la autoridad española de protección de datos.

La carta no era una multa, sino una solicitud de información. Un antiguo cliente había presentado una reclamación alegando que la empresa de Mateo se había negado a eliminar sus datos después de cerrar su cuenta. La AEPD quería conocer las políticas de la empresa para manejar solicitudes de eliminación y pruebas de que esas políticas habían sido aplicadas.

Inicialmente nervioso, Mateo contactó a un abogado especializado en cumplimiento del GDPR. Juntos prepararon una respuesta detallada, incluyendo la política de retención de datos de la empresa, registros de eliminación y correos electrónicos intercambiados con el reclamante. Durante el proceso, Mateo comprendió que, aunque su equipo tenía buenas intenciones, carecían de procedimientos formales para gestionar estas solicitudes, lo que dificultaba demostrar cumplimiento.

La AEPD concluyó finalmente que no hubo mala conducta intencional, pero emitió una advertencia y exigió que la empresa mejorara sus procesos. Aunque no era el resultado que esperaba, se convirtió en una valiosa lección. Mateo implementó un nuevo sistema que rastreaba y confirmaba automáticamente todas las solicitudes de eliminación, incluyendo marcas de tiempo y registros de auditoría.

Con el tiempo, Mateo comenzó a ver a la autoridad no solo como un organismo sancionador, sino como un recurso útil. Se suscribió al boletín de la AEPD, asistió a un seminario web sobre cumplimiento del GDPR e incluso se puso en contacto con ellos para resolver dudas sobre transferencias internacionales. Para su sorpresa, la agencia respondió rápidamente con orientación práctica.

Un año después, cuando una importante brecha de seguridad afectó a un competidor del sector CRM, la empresa de Mateo estaba preparada. Detectaron un intento de intrusión, lo bloquearon y reportaron el incidente a la AEPD dentro de las 72 horas requeridas por la ley. La agencia elogió su rápida respuesta y destacó la mejora de sus sistemas de cumplimiento. Este reconocimiento público fortaleció la reputación de Mateo entre sus clientes, muchos de ellos pequeñas empresas que valoraban la seguridad y la transparencia.

Lo que comenzó como una investigación estresante se transformó en una relación de colaboración. Mateo aprendió que el papel de una autoridad de protección de datos no es destruir negocios, sino asegurar que las organizaciones respeten los derechos de privacidad de las personas. Al ver al regulador como un aliado y no como un adversario, posicionó a su empresa como un actor confiable y en cumplimiento dentro del competitivo mercado tecnológico europeo.

Capítulo 8: Cómo las Empresas Mantienen el Cumplimiento: Políticas, Capacitación y Auditorías

El cumplimiento normativo no consiste simplemente en crear una política de privacidad y esperar lo mejor. Es un proceso continuo que implica establecer políticas internas claras, capacitar a los empleados para seguirlas y realizar auditorías periódicas para identificar y corregir brechas. Las empresas que consideran el cumplimiento como una lista de verificación única suelen quedar fuera de alineación con la ley, especialmente a medida que las regulaciones evolucionan. En cambio, aquellas que lo integran como parte de su cultura operativa pueden generar confianza, reducir riesgos legales y mantener una sólida reputación en el mercado.

La base del cumplimiento es una política de privacidad integral — no solo la versión pública para clientes, sino también políticas internas que regulen cómo los empleados manejan los datos. Una buena política de privacidad debe describir:

- Qué datos personales recopila la organización
- La base legal para procesarlos
- Cómo se almacenan y protegen

- Con quién se comparten
- Cuánto tiempo se conservan
- El proceso para responder a solicitudes de acceso, corrección y eliminación

Esta política debe mantenerse actualizada y reflejar cambios en las operaciones, tecnología o leyes aplicables.

Igualmente importante es la capacitación de empleados. Incluso las medidas técnicas más sofisticadas pueden verse comprometidas por errores humanos. Correos de phishing, contraseñas débiles o manejo descuidado de datos sensibles pueden provocar violaciones de seguridad. La capacitación debe cubrir fundamentos de protección de datos, leyes de privacidad relevantes para la organización y procedimientos específicos que los empleados deben seguir al manejar información personal. A menudo se requiere capacitación específica por rol: por ejemplo, los equipos de atención al cliente deben saber cómo responder a solicitudes de datos, mientras que los equipos de TI deben comprender el cifrado y los controles de acceso.

Las auditorías y evaluaciones constituyen la siguiente capa de cumplimiento. Una auditoría de privacidad examina las actividades de procesamiento de datos para asegurar que se alineen con requisitos legales y políticas internas. Esto suele implicar:

- Mapear todos los flujos de datos personales
- Revisar mecanismos de consentimiento
- Verificar contratos con proveedores y cláusulas de cumplimiento
- Probar medidas de seguridad
- Confirmar que las solicitudes de derechos de titulares se atienden rápidamente

Las auditorías pueden realizarse internamente o mediante consultores externos, y deberían ejecutarse regularmente — al menos una vez al año — o cuando existan cambios significativos en operaciones o legislación.

La documentación es esencial para demostrar cumplimiento. Muchas leyes, como el GDPR, exigen que las organizaciones prueben que han tomado medidas adecuadas para proteger datos personales. Mantener registros de actividades de procesamiento, capacitaciones, simulacros de respuesta a incidentes y actualizaciones de políticas puede marcar la diferencia entre una resolución rápida y una investigación costosa.

La gestión de proveedores es otra área clave. Muchas organizaciones comparten datos con terceros – procesadores de pagos, agencias de marketing, proveedores de nube – que actúan como "encargados del tratamiento". Las empresas deben asegurarse de que estos socios cumplan los mismos estándares de privacidad que ellas. Esto implica contratos con cláusulas claras de protección de datos, diligencia debida y revisiones periódicas del cumplimiento del proveedor.

Finalmente, el cumplimiento no es estático. Las leyes evolucionan, surgen nuevas regulaciones y la tecnología cambia rápidamente. Las empresas deben designar a alguien – generalmente un Oficial de Protección de Datos o gerente de cumplimiento – para monitorear cambios, actualizar políticas y garantizar capacitación continua. Tratar la privacidad como una parte viva y activa de la cultura empresarial asegura que evolucione junto con el crecimiento y la innovación.

Al construir un programa de cumplimiento que integre políticas, capacitación y auditorías en las operaciones diarias, las organizaciones pueden convertir lo que parece una carga regulatoria en una ventaja competitiva. Los clientes eligen cada vez más trabajar con empresas que pueden demostrar que toman la privacidad en serio.

La capacitación obligatoria de empleados de Nina.

Nina era propietaria de una agencia de reservas de viajes de tamaño mediano en Singapur. Su empresa había crecido rápidamente, ofreciendo vuelos, reservas de hotel y seguros de viaje a clientes de todo el mundo. Con el crecimiento llegó la complejidad: su negocio manejaba grandes cantidades de datos personales, desde números de pasaporte hasta detalles de tarjetas de crédito. Sabía que existían leyes de privacidad, pero asumía que, al utilizar plataformas reconocidas de terceros, el cumplimiento era principalmente responsabilidad de ellas.

Esa idea cambió después de asistir a una conferencia de la industria turística, donde un ponente explicó las fuertes multas que había enfrentado una agencia de viajes europea por no proteger adecuadamente la información de clientes. La brecha no había sido causada por hackers, sino por un empleado que envió accidentalmente una hoja de cálculo sin cifrar con miles de registros de clientes a la persona equivocada. Nina comprendió que, sin importar qué tan segura fuera la tecnología, los hábitos del equipo podían representar un gran riesgo.

Decidida a evitar un problema similar, Nina transformó las prácticas de privacidad de su empresa. Comenzó creando una política interna detallada. En ella se especificaba exactamente qué datos recopilaba la empresa, cómo se almacenaban, quién podía acceder a ellos y qué pasos debían seguirse para eliminarlos de manera segura. También se aseguró de que cada departamento, desde ventas hasta servicio al cliente, tuviera instrucciones específicas según su función.

Luego implementó capacitación obligatoria para empleados. En lugar de convertirla en una conferencia aburrida, trabajó con un consultor de ciberseguridad para crear sesiones interactivas. Los empleados aprendieron a reconocer intentos de phishing, usar contraseñas fuertes y compartir documentos sensibles de manera segura. Ejercicios prácticos simulaban solicitudes de datos por parte de clientes y reguladores, dando confianza al equipo para responder adecuadamente.

Para asegurarse de que las políticas funcionaran, Nina programó auditorías trimestrales. Su equipo mapeó todos los flujos de datos, desde el momento en que un cliente reservaba un viaje hasta que su información era archivada o eliminada. Revisaron contratos con proveedores y descubrieron que un pequeño hotel asociado no contaba con medidas adecuadas de seguridad. Nina renegoció los términos exigiendo cifrado para cualquier dato de clientes que recibieran.

El proceso no siempre fue sencillo. Algunos empleados resistieron los cambios, viéndolos como trabajo extra. Pero con el tiempo, la cultura comenzó a transformarse. El personal empezó a detectar y reportar posibles problemas antes de que se convirtieran en incidentes reales. Durante una auditoría, un miembro del equipo identificó una configuración incorrecta en el sistema de reservas que podría haber expuesto datos de clientes; corregirlo de inmediato evitó una posible brecha grave.

Seis meses después, el compromiso de Nina con el cumplimiento rindió frutos de forma inesperada. Un cliente corporativo que buscaba una agencia de viajes solicitó específicamente evidencia de prácticas sólidas de privacidad. Nina pudo proporcionar registros de capacitación, informes de auditoría y políticas detalladas, obteniendo el contrato frente a competidores que no podían ofrecer el mismo nivel de seguridad y transparencia.

Nina aprendió que el cumplimiento de privacidad no se trata solo de evitar sanciones, sino de construir confianza y profesionalismo. Al integrar políticas, capacitación y auditorías en su negocio, convirtió la privacidad de un simple requisito administrativo en un punto fuerte de venta, asegurando que su empresa fuera tanto segura como competitiva dentro del mercado global de viajes.

Capítulo 9: Tendencias Emergentes en la Regulación Global de la Privacidad

La privacidad digital ya no es un tema legal de nicho – se ha convertido en una prioridad política global. Durante la última década, las leyes de privacidad han evolucionado desde reglas fragmentadas y específicas por industria hacia marcos integrales basados en derechos que afectan a casi todas las empresas de la economía digital. Esta tendencia no muestra señales de desaceleración. Comprender los patrones emergentes en la regulación global de privacidad ayuda a las empresas a prepararse para cambios antes de que ocurran, en lugar de reaccionar apresuradamente después.

Una de las tendencias más destacadas es la convergencia hacia leyes similares al GDPR. El Reglamento General de Protección de Datos de la Unión Europea se ha convertido en el modelo para legislación de privacidad en todo el mundo. Países de América Latina, África, Asia y Medio Oriente están adoptando leyes con principios parecidos – como exigir una base legal para el procesamiento, otorgar amplios derechos a los individuos e imponer fuertes medidas de responsabilidad. Esto significa que incluso si una empresa no opera actualmente en la UE, aún podría enfrentar obligaciones similares al GDPR en otros mercados.

Otro desarrollo importante es el auge de marcos regionales de privacidad. La Convención de la Unión Africana sobre Ciberseguridad y Protección de Datos Personales, el Marco ASEAN de Protección de Datos Personales y el Marco de Privacidad de la Cooperación Económica Asia-Pacífico (APEC) son ejemplos de esfuerzos por armonizar leyes entre múltiples países. Aunque estos marcos no siempre son legalmente vinculantes, fomentan la consistencia y facilitan que las empresas operen internacionalmente con una estrategia de cumplimiento unificada.

La regulación específica por tecnología también está creciendo. Los gobiernos reconocen que ciertas tecnologías presentan riesgos únicos de privacidad y requieren reglas adaptadas. Por ejemplo, las leyes relacionadas con datos biométricos, sistemas de reconocimiento facial e inteligencia artificial se están volviendo más comunes. La propuesta de Ley de Inteligencia Artificial de la UE impondrá obligaciones de transparencia y evaluación de riesgos para sistemas de IA, mientras que varios estados de EE. UU. están considerando o ya aprobaron restricciones sobre el uso del reconocimiento facial en espacios públicos.

Las protecciones de privacidad para menores también se están expandiendo globalmente. Inspiradas en la Ley de Protección de la Privacidad Infantil en Línea (COPPA) de Estados Unidos y reforzadas por reglas especiales del GDPR para menores, muchas jurisdicciones están fortaleciendo requisitos de consentimiento y limitando la recopilación de datos para usuarios por debajo de cierta edad. Las empresas con productos o servicios dirigidos a niños deben prepararse para verificar la edad y obtener consentimiento parental cuando sea necesario.

Otra tendencia emergente es la integración entre leyes de privacidad y ciberseguridad. Tradicionalmente vistas como áreas separadas, muchos gobiernos ahora las consideran interconectadas. Los requisitos de notificación de brechas de seguridad se están convirtiendo en un estándar mundial, y algunas leyes exigen medidas específicas de seguridad como parte del cumplimiento de privacidad. Esta convergencia significa que las empresas deben coordinar sus estrategias de privacidad y ciberseguridad.

La aplicación de las leyes también está evolucionando. Los reguladores cooperan cada vez más entre fronteras, compartiendo información y realizando investigaciones conjuntas. La tendencia hacia sanciones más severas es evidente — las multas relacionadas con privacidad están aumentando en tamaño y frecuencia, y los reguladores muestran menos tolerancia hacia reincidentes. Además, algunas leyes ahora otorgan a individuos el derecho de demandar directamente a organizaciones por violaciones de privacidad, incrementando los riesgos legales y financieros.

Finalmente, existe un creciente énfasis en prácticas éticas de manejo de datos. Los consumidores son cada vez más conscientes de cómo se utiliza su información y recompensan a las empresas que van más allá del cumplimiento legal para adoptar transparencia, equidad y recopilación mínima de datos. Las organizaciones que implementan un enfoque de "privacidad desde el diseño" — incorporando la privacidad en cada etapa del desarrollo de productos y servicios — tienen más probabilidades de generar confianza y lealtad a largo plazo.

Para las organizaciones, mantenerse al día con estas tendencias requiere monitoreo constante de desarrollos globales de privacidad, adopción de marcos flexibles de cumplimiento y priorización de prácticas éticas de datos. Aquellas empresas que consideren la privacidad como una ventaja competitiva, en lugar de solo una obligación legal, estarán mejor posicionadas para prosperar en el panorama digital en evolución.

Ahora, revisemos la historia de Ravi.

Ravi dirigía una pequeña pero ambiciosa empresa de desarrollo de aplicaciones móviles en Mumbai. Su aplicación principal, una plataforma de seguimiento físico, creció rápidamente, atrayendo usuarios no solo en India, sino también en Europa, América del Norte y el Sudeste Asiático. Inicialmente, su enfoque estaba centrado únicamente en funciones y experiencia de usuario, pero a medida que aumentaba su base de usuarios, también crecía la complejidad de las leyes de privacidad que debía cumplir.

Un día recibió una propuesta de asociación de una gran marca de salud y bienestar con sede en Singapur. El acuerdo tenía potencial para transformar su empresa, pero el equipo legal de la compañía presentó una extensa lista de preguntas relacionadas con privacidad. Querían saber cómo la aplicación manejaba datos biométricos, si existían procesos para eliminar información de usuarios bajo solicitud y si cumplía con GDPR para usuarios europeos. Ravi comprendió que, aunque su aplicación tenía configuraciones básicas de privacidad, no había sido diseñada pensando en regulaciones globales.

Comenzó a investigar y descubrió que las leyes de privacidad estaban evolucionando rápidamente en múltiples regiones. En el Sudeste Asiático, el Marco ASEAN de Protección de Datos Personales influía en leyes nacionales. En la Unión Europea, el

GDPR imponía requisitos estrictos para procesar datos sensibles relacionados con salud. En California, la CCPA otorgaba a los usuarios el derecho a excluirse del intercambio de datos. En India, se trabajaba en un Proyecto de Ley de Protección de Datos Personales alineado con estándares internacionales.

Ravi decidió adoptar un enfoque de privacidad desde el diseño para su aplicación. Trabajó con su equipo de desarrollo para minimizar la recopilación de datos, almacenando únicamente la información esencial para las funciones principales. También añadieron controles de privacidad detallados, permitiendo que los usuarios eligieran participar o no en funciones específicas de procesamiento de datos. Para información biométrica como frecuencia cardíaca y conteo de pasos, implementaron cifrado y exigieron consentimiento explícito antes de recopilarla.

También comenzó a monitorear regulaciones específicas para tecnología. Como su aplicación utilizaba análisis impulsados por IA para sugerir entrenamientos personalizados, prestó especial atención a la propuesta de Ley de Inteligencia Artificial de la UE. Comprendió que cumplir con estas reglas emergentes podría convertirse en un argumento de venta, especialmente a medida que los usuarios se volvían más cautelosos sobre cómo la IA procesaba sus datos.

Los cambios dieron resultados. Cuando el equipo legal de la empresa de bienestar de Singapur revisó sus políticas y medidas de seguridad actualizadas, quedaron impresionados. No solo firmaron el acuerdo de asociación, sino que además promocionaron la aplicación de Ravi como un ejemplo de prácticas responsables de datos.

Un año después, el enfoque proactivo de Ravi hacia las tendencias emergentes de privacidad atrajo aún más oportunidades. Una institución educativa en Australia adoptó su aplicación para un programa de acondicionamiento físico estudiantil, citando sus sólidas funciones de privacidad como el factor decisivo. Ravi comprendió que mantenerse un paso adelante respecto a regulaciones de privacidad había transformado un posible desafío legal en una poderosa ventaja competitiva.

Capítulo 10: El Futuro de la Privacidad Digital: Preparándose para lo que Viene Después

El futuro de la privacidad digital estará moldeado por la rápida innovación tecnológica, las cambiantes expectativas de los consumidores y una regulación global cada vez más coordinada. Aunque el panorama actual ya es complejo, la próxima década promete cambios aún más drásticos. Las organizaciones que anticipen estas transformaciones y se preparen con anticipación estarán mucho mejor posicionadas que aquellas que reaccionen únicamente cuando entren en vigor nuevas leyes.

Uno de los impulsores más importantes del cambio en privacidad será la tecnología emergente. La inteligencia artificial, el blockchain, la computación cuántica y el Internet de las Cosas (IoT) están creando nuevas formas de recopilar, almacenar y analizar datos personales. La IA puede extraer conclusiones profundamente personales a partir de datos aparentemente inofensivos; los dispositivos IoT pueden recopilar flujos continuos de información sobre actividades cotidianas; y el blockchain, aunque ofrece transparencia, presenta desafíos para los derechos de eliminación debido a su naturaleza inmutable. La computación cuántica podría eventualmente romper los estándares actuales de cifrado, exigiendo protocolos de seguridad completamente nuevos.

Las leyes de privacidad deberán adaptarse rápidamente a estas tecnologías. Es probable que veamos regulaciones específicas para IA, mayores restricciones sobre datos biométricos y genéticos, y leyes sectoriales dirigidas a industrias como salud, finanzas y educación. La propuesta de Ley de Inteligencia Artificial de la Unión Europea, por ejemplo, podría convertirse en un modelo para regular sistemas de IA de alto riesgo, exigiendo evaluaciones de riesgo, supervisión humana y explicaciones claras sobre decisiones algorítmicas.

Otra tendencia que moldeará el futuro es el empoderamiento del consumidor. A medida que las personas sean más conscientes de cómo se utilizan sus datos, exigirán mayor control y transparencia. Esto probablemente conducirá a una expansión de los derechos de los titulares de datos, incluyendo la capacidad de saber exactamente qué algoritmos procesan su información, solicitar explicaciones sobre decisiones automatizadas y transferir fácilmente sus datos entre proveedores de servicios. Las empresas que hagan que los controles de privacidad sean simples y fáciles de usar tendrán una ventaja competitiva.

La regulación global también se dirige hacia una mayor armonización. Aunque actualmente existen reglas fragmentadas entre distintos países, crece la presión por establecer marcos estandarizados que simplifiquen el cumplimiento internacional. Organizaciones como la OCDE, la Asamblea Global de Privacidad y diversos acuerdos comerciales impulsan reglas más consistentes para facilitar negocios internacionales mientras protegen los derechos individuales.

Además, la privacidad se integrará cada vez más con la ética y la sostenibilidad. Consumidores e inversionistas están comenzando a evaluar a las empresas según la responsabilidad con la que manejan los datos, junto con su desempeño ambiental y social. Las "calificaciones de privacidad" podrían llegar a ser tan comunes como los puntajes ESG (Ambiental, Social y de Gobernanza), influyendo en decisiones de compra e inversión.

Para las empresas, prepararse para el futuro significa integrar la privacidad desde el diseño en cada etapa de las operaciones, invertir en marcos de cumplimiento adaptables y monitorear constantemente nuevas leyes y tecnologías. También implica replantear la estrategia de datos: recopilar únicamente la información necesaria, protegerla con herramientas avanzadas y ser transparente respecto a cómo se utiliza.

Las organizaciones que prosperen en la próxima era de privacidad no solo cumplirán con regulaciones, sino que convertirán la privacidad en parte esencial de su identidad de marca. En un mundo donde la confianza es un recurso escaso, una reputación por proteger información personal puede convertirse en uno de los activos más valiosos que una empresa puede poseer.

La historia de cómo Leila anticipó el futuro de la privacidad.

Leila dirigía una startup fintech de rápido crecimiento en Dubái que ofrecía una billetera digital y una aplicación de gestión financiera personal. La aplicación se integraba con bancos, procesadores de pago y plataformas de comercio electrónico, convirtiéndose en una herramienta conveniente para los usuarios, pero también en una enorme fuente de datos personales y financieros.

A medida que su empresa se expandía internacionalmente, Leila seguía de cerca las regulaciones de privacidad en diferentes regiones. Pero también se preguntaba: ¿cómo será la privacidad dentro de cinco o diez años? Decidió pensar más allá del cumplimiento actual y preparar su compañía para lo que estaba por venir.

Su primer paso fue evaluar el impacto de tecnologías emergentes sobre el negocio. Los análisis impulsados por IA de la aplicación podían predecir patrones de gasto y sugerir estrategias de ahorro, pero Leila comprendió que estas funciones podrían requerir informes explícitos de transparencia algorítmica bajo futuras leyes. Comenzó a documentar cómo funcionaba la IA y por qué realizaba ciertas recomendaciones, anticipando que los reguladores eventualmente exigirían esta información.

También consideró el Internet de las Cosas. A medida que los wearables y dispositivos conectados se volvieran más populares, la aplicación podría integrarse con relojes inteligentes, asistentes domésticos o incluso automóviles conectados para ofrecer consejos financieros en tiempo real. Aunque emocionante, esta expansión implicaría manejar datos mucho más detallados — desde geolocalización hasta comandos de voz — todos potencialmente sujetos a reglas de privacidad más estrictas.

Leila trabajó con su equipo de desarrollo para adoptar un enfoque de privacidad desde el diseño en cada nueva función. Minimizaron la recopilación de datos, integraron cifrado sólido en todos los sistemas y facilitaron la comprensión de configuraciones de privacidad para los usuarios. También invirtió en ciberseguridad avanzada, incluyendo investigación en cifrado poscuántico, sabiendo que la computación cuántica podría volver obsoletos los métodos actuales de cifrado.

Su visión dio resultados antes de lo esperado. Dos años después, una nueva ley regional exigió que las aplicaciones financieras ofrecieran transparencia algorítmica y permitieran a los usuarios excluirse de decisiones automatizadas. Como el equipo de Leila ya había incorporado estas capacidades, la empresa cumplía desde el primer día, mientras muchos competidores corrían para actualizar sus sistemas.

Más allá de las regulaciones, Leila se enfocó en construir confianza como valor de marca. Lanzó una campaña llamada "Promesa de Privacidad", explicando a los usuarios exactamente cómo se manejaban sus datos y por qué se recopilaba determinada información. Los clientes respondieron positivamente, y muchos mencionaron la transparencia como la razón principal para elegir la aplicación frente a otras opciones.

Al anticiparse al futuro de la privacidad en lugar de reaccionar ante él, Leila posicionó a su empresa como líder en prácticas responsables de datos. En una industria donde la confianza suele ser limitada, transformó la privacidad en una poderosa ventaja competitiva y garantizó que su negocio estuviera preparado para cualquier cambio futuro en el mundo de la privacidad digital.

Capítulo 11: Construyendo una Cultura de Privacidad Primero en las Organizaciones

Una cultura centrada en la privacidad va más allá del cumplimiento normativo: convierte la protección de datos en un valor esencial de la organización. Aunque leyes como el GDPR, CCPA, LGPD y PIPEDA establecen estándares mínimos, las empresas que tratan la privacidad como parte de su identidad obtienen una ventaja competitiva significativa. Una cultura de privacidad garantiza que cada empleado, desde ejecutivos hasta personal de nivel inicial, comprenda la importancia de proteger la información personal e integre esa conciencia en su trabajo diario.

La base de una cultura de privacidad comienza con el compromiso del liderazgo. Los ejecutivos deben liderar con el ejemplo, priorizando la privacidad en la toma de decisiones y en la asignación de recursos. Esto incluye financiar iniciativas de privacidad, respaldar capacitación continua y garantizar que los oficiales de protección de datos o equipos de cumplimiento tengan autoridad para aplicar políticas. Sin apoyo de la dirección, los programas de privacidad suelen convertirse en algo superficial, existiendo solo sobre el papel.

El empoderamiento de los empleados es el siguiente componente crítico. Todo el personal debe comprender el valor de los datos personales, reconocer riesgos potenciales y sentirse responsable de protegerlos. Esto requiere capacitación regular adaptada a cada rol. Por ejemplo, los equipos de marketing deben comprender reglas de consentimiento, los equipos de atención al cliente deben saber cómo responder solicitudes de datos y los equipos de TI deben dominar prácticas seguras de manejo de información. La capacitación debe ser práctica, interactiva y actualizarse regularmente para reflejar nuevas leyes y amenazas.

La privacidad desde el diseño y por defecto debe formar parte de cada proyecto y producto. Esto significa considerar la privacidad desde el inicio — no como algo secundario — y configurar sistemas con los niveles más altos de protección de privacidad por defecto. Por ejemplo, una nueva función de aplicación debería recopilar la mínima cantidad de datos necesaria y requerir consentimiento explícito para procesamiento adicional. Este principio asegura que las protecciones de privacidad estén integradas en la arquitectura del negocio.

Crear una cultura de privacidad también implica fomentar la transparencia. Los clientes deben ser informados claramente sobre qué datos se recopilan, por qué se recopilan y cómo se utilizan. Internamente, los empleados deben comprender los flujos de datos, medidas de seguridad y procedimientos de respuesta ante brechas. La transparencia genera confianza y reduce la probabilidad de malentendidos que puedan derivar en quejas o investigaciones regulatorias.

Los mecanismos de responsabilidad son esenciales. Auditorías periódicas de privacidad, canales claros para reportar sospechas de brechas y procesos documentados de manejo de datos garantizan que la privacidad no quede al azar. Reconocer y recompensar a empleados que identifiquen riesgos o propongan mejoras refuerza comportamientos positivos.

Finalmente, una cultura centrada en la privacidad debe adoptar la mejora continua. Las leyes evolucionan, surgen nuevas tecnologías y cambian las expectativas de los consumidores. Las empresas deben mantenerse adaptables, utilizando retroalimentación de empleados, clientes y reguladores para perfeccionar sus prácticas de privacidad.

Al integrar la privacidad dentro del ADN de la organización, las compañías no solo cumplen con las leyes actuales, sino que también se preparan para riesgos emergentes. Más importante aún, envían una señal clara a clientes y socios de que pueden ser confiables en un mundo cada vez más impulsado por datos.

La historia de Jasmine.

Jasmine era la directora ejecutiva de una plataforma de educación en línea de rápido crecimiento con sede en Melbourne. Su empresa atendía a estudiantes en más de 30 países, ofreciendo cursos en video, cuestionarios y foros comunitarios. A medida que la plataforma crecía, comenzó a notar que aparecían preguntas sobre privacidad en los tickets de soporte. Algunos estudiantes querían saber cómo se almacenaban sus datos de progreso; otros preguntaban si sus publicaciones en foros eran visibles para personas externas.

Inicialmente, Jasmine pensó que eran preocupaciones aisladas. Pero después de leer sobre la crisis de relaciones públicas de un competidor causada por una filtración de privacidad, comprendió que la confianza se estaba convirtiendo en un factor diferenciador dentro de la industria educativa. Decidió convertir la privacidad en un valor central de la empresa, no solo en una obligación legal.

Comenzó con su equipo directivo. En la siguiente reunión estratégica, Jasmine declaró que la privacidad sería tan importante como la calidad del producto y el servicio al cliente. Asignó parte del presupuesto para contratar un Oficial de Protección de Datos y autorizó capacitación obligatoria para todos los empleados. Esto envió un mensaje claro: la privacidad no era opcional, sino parte de la misión de la empresa.

Luego se enfocó en empoderar a los empleados. En lugar de enviar simplemente un documento de políticas, organizó talleres interactivos. Los desarrolladores aprendieron a programar bajo principios de privacidad desde el diseño, limitando la recopilación de datos y asegurando archivos subidos por usuarios. El equipo de marketing practicó cómo redactar solicitudes de consentimiento en lenguaje sencillo. Los agentes de atención al cliente hicieron simulaciones respondiendo solicitudes de eliminación de datos bajo GDPR.

Jasmine también implementó privacidad por defecto dentro del diseño del producto. Las nuevas funciones eran revisadas por el Oficial de Protección de Datos antes de su lanzamiento, asegurando que recopilaran solo la información necesaria. Por ejemplo, al añadir un servicio de transcripción de video, decidieron no almacenar archivos de audio originales más tiempo del necesario, reduciendo riesgos.

La transparencia se convirtió en un pilar de la marca. La política de privacidad fue reescrita en lenguaje claro, y la plataforma incorporó un panel de privacidad donde los estudiantes podían ver qué datos se recopilaban, descargarlos o solicitar su eliminación con un solo clic. Esto no solo cumplía requisitos regulatorios, sino que también fortalecía la confianza de los usuarios.

Con el tiempo, Jasmine observó un cambio cultural. Los empleados comenzaron a plantear consideraciones de privacidad en reuniones sin necesidad de recordatorios. Un desarrollador sugirió anonimizar ciertos análisis para reducir riesgos de reidentificación. Otro propuso agregar una sección de preguntas frecuentes sobre privacidad durante el proceso de incorporación de estudiantes.

Un año después, cuando la empresa solicitó un importante contrato gubernamental para ofrecer capacitación en línea, su sólida cultura de privacidad fue un factor decisivo para ganar la licitación. Los evaluadores destacaron que la empresa no solo cumplía estándares regulatorios, sino que los superaba. El compromiso de Jasmine con construir una cultura centrada en la privacidad transformó su negocio, fortaleció la confianza de clientes y posicionó la plataforma como líder en educación digital responsable.

La Privacidad como un Compromiso para Toda la Vida

En el mundo cambiante de la comunicación digital, la privacidad ya no es un lujo — es una expectativa fundamental. Desde los primeros días de internet, cuando los datos personales se compartían casualmente sin demasiada preocupación, hasta el entorno hiperconectado de hoy, donde cada clic, deslizamiento y búsqueda puede ser registrado, la importancia de proteger la información personal ha crecido exponencialmente. Las lecciones de este libro no están pensadas como una lista de verificación temporal para "aprobar" el cumplimiento normativo; son la base de un compromiso de por vida con el respeto y la protección de la privacidad de las personas a las que sirves.

El camino hacia prácticas sólidas de privacidad comienza con la conciencia. Comprender el mosaico global de leyes — desde el GDPR en Europa hasta la CCPA en California, la LGPD en Brasil, la PIPEDA en Canadá y las regulaciones emergentes en África, Asia y Medio Oriente — es el primer paso. Pero el cumplimiento no se trata solo de conocer las reglas; se trata de integrarlas en el ADN de una organización. Esto requiere un cambio de mentalidad: dejar de ver la privacidad como un obstáculo legal y adoptarla como una ventaja competitiva y una responsabilidad moral.

La tecnología seguirá evolucionando de maneras que desafiarán los marcos actuales. La inteligencia artificial será más predictiva, el blockchain ampliará los registros inmutables y la computación cuántica pondrá a prueba los límites de los estándares actuales de cifrado. Las leyes de privacidad se adaptarán, pero la innovación suele avanzar más rápido que la regulación. Las organizaciones que anticipen estos cambios, se preparen con anticipación y permanezcan adaptables serán las que prosperen.

Un enfoque centrado en la privacidad también trata sobre relaciones humanas. Cada persona que proporciona sus datos — ya sea un cliente, empleado, estudiante, paciente o ciudadano — deposita confianza en la organización que los recopila. Romper esa confianza puede tener consecuencias duraderas, tanto financieras como reputacionales. Por otro lado, proteger esa confianza puede generar mayor lealtad, alianzas más sólidas y crecimiento sostenible.

La responsabilidad de la privacidad no recae únicamente en gobiernos o grandes corporaciones. Las pequeñas empresas, startups y profesionales independientes también desempeñan un papel importante. De hecho, las organizaciones más pequeñas suelen tener la agilidad necesaria para implementar prácticas sólidas de privacidad rápidamente, utilizándolas como un punto diferenciador frente a competidores más lentos.

Las estrategias de privacidad más efectivas se construyen sobre tres pilares: transparencia, seguridad y responsabilidad. La transparencia significa informar a las personas qué haces con sus datos de manera clara y honesta. La seguridad implica implementar salvaguardas proporcionales a la sensibilidad de la información que manejas. La responsabilidad significa poder demostrar, en cualquier momento, que cumples con tus compromisos — no solo porque la ley lo exige, sino porque es lo correcto.

Al cerrar este libro, recuerda que la privacidad no es un logro estático, sino un proceso vivo. Las leyes cambiarán. La tecnología cambiará. Tu organización cambiará. Pero los principios aquí presentados — respetar los datos personales, limitar la recopilación innecesaria, proteger la información contra daños y honrar los derechos individuales — son atemporales. Al convertirlos en parte permanente de tu ética personal y profesional, no solo estás protegiendo información; estás salvaguardando la dignidad humana que se encuentra en el corazón de la era digital.

www.ingramcontent.com/pod-product-compliance
Lightning Source LLC
LaVergne TN
LVHW022013200926
848481LV00007B/2407